民国经典童书
儿童古今通

学童话

- 五十步笑百步
- 以羊易牛
- 与民同乐
- 老实的爸爸
- 托病不见
- 劳心和劳力
- 李子和鹅
- 正直的小门生
- 东郭乞食
- 狠心的父母和弟弟
- 放生的鱼……

喻守真 著

知识产权出版社
全国百佳图书出版单位

图书在版编目（CIP）数据

孟子童话 / 喻守真著. — 北京：知识产权出版社，2019.1
（儿童古今通）
ISBN 978-7-5130-5853-7

Ⅰ. ①孟… Ⅱ. ①喻… Ⅲ. ①儒家 ②《孟子》—少儿读物
Ⅳ. ① B222.5-49

中国版本图书馆 CIP 数据核字（2018）第 214853 号

责任编辑：王颖超	责任校对：潘凤越
文字编辑：褚宏霞	责任印制：刘译文

孟子童话

喻守真　著

出版发行：知识产权出版社 有限责任公司	网　　址：http://www.ipph.cn
社　　址：北京市海淀区气象路 50 号院	邮　　编：100081
责编电话：010-82000860 转 8655	责编邮箱：wangyingchao@cnipr.com
发行电话：010-82000860 转 8101/8102	发行传真：010-82000893/82005070/82000270
印　　刷：三河市国英印务有限公司	经　　销：各大网上书店、新华书店及相关专业书店
开　　本：880mm×1230mm　1/32	印　　张：2.375
版　　次：2019 年 1 月第 1 版	印　　次：2019 年 1 月第 1 次印刷
字　　数：35 千字	定　　价：22.00 元

ISBN 978-7-5130-5853-7

出版权专有　侵权必究
如有印装质量问题，本社负责调换。

序　说

　　孟子名轲，字子舆，战国时候的邹人——今山东省邹县。他所学的是孔子的孙子子思的一派，所以他的学术是道接孔子的。不过那时各国的君主，都讲战争的事情，听到仁义道德的话，大家都觉得讨厌。因此孟子到处受人排挤，得不到权位，只可回来和弟子们讲学论政，就成为现在的《孟子》七篇，其中所讲的都是忠孝、仁爱、信义、和平的大道理。而且他的辞令很好，能够用很有兴趣的故事，来解释他所讲的事理。所以本书选取的目标，也拣那最有趣味而含有大道理的，加以文艺的描写，使小朋友们认识孟子是怎样的一个人。

目 录

五十步笑百步//3
以羊易牛//8
与民同乐//13
老实的爸爸//18
托病不见//23
劳心和劳力//29
李子和鹅//36
正直的小门生//42
东郭乞食//46
狠心的父母和弟弟//52
放生的鱼//57
弈秋教棋//60
冯妇打虎//63
编后记//66

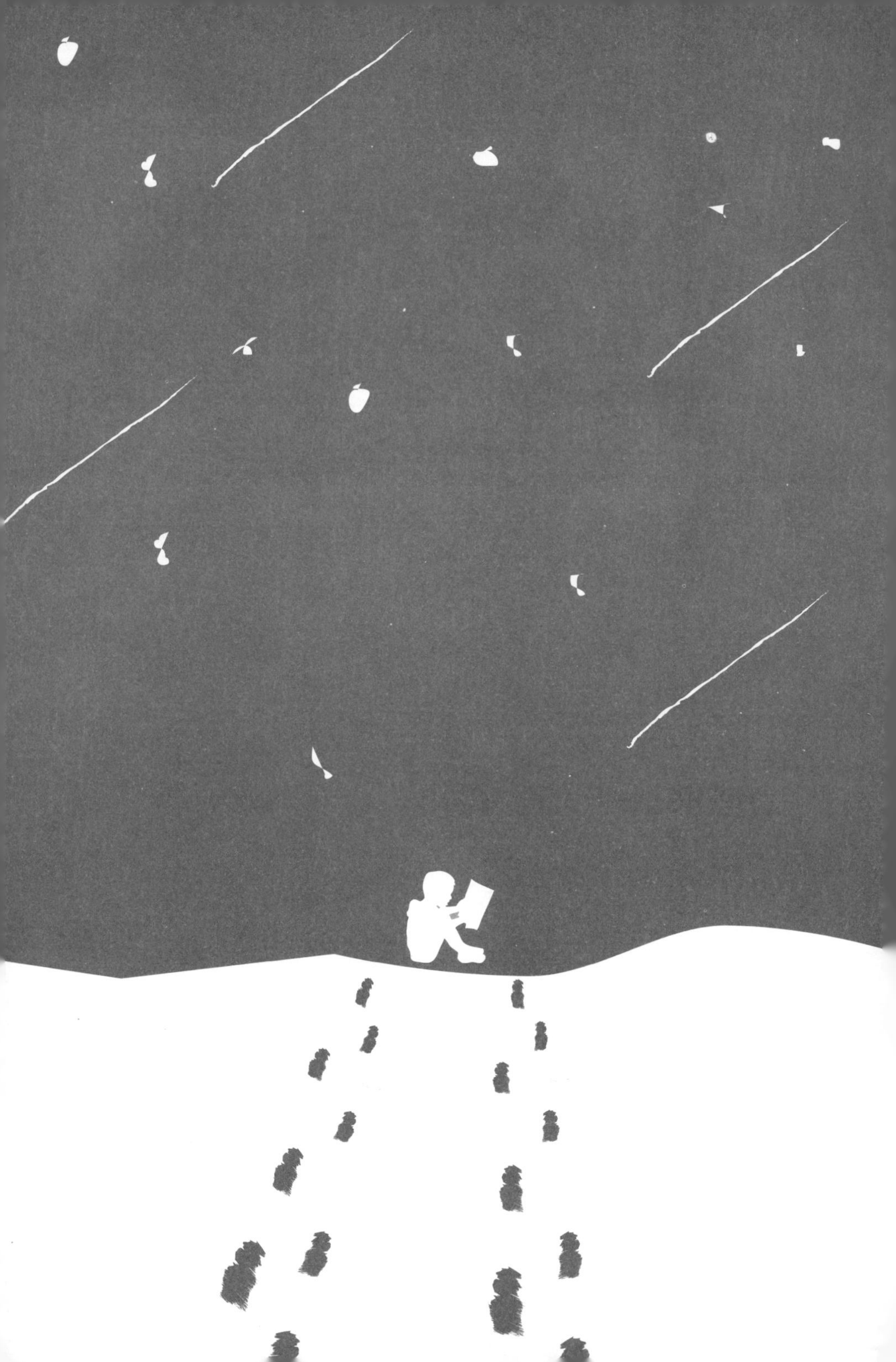

五十步笑百步

战国时候，有一个梁惠王❶。他很想使自己的国家强大起来，四处招聘有奇才异能的人，请教他富国强兵的政策。

这时候，在今山东邹县地方，有一位道高德重的老先生，姓孟名轲，字子舆。他抱着济世救民的大志，游说当时各国的诸侯。不过那时的诸侯都抱着战争侵略

---

❶ 梁惠王：战国魏文侯孙，武侯子，名子罃（yīng）。魏初都安邑，梁惠王时，才迁都大梁，后人因有称魏为梁的。

的野心，听到他老先生开口仁义，闭口道德，一番王道的大话，大家都觉得迂远难行，不敢随便用他，所以他老先生就到处不得志了。此番他听说梁惠王招聘贤才，心想倘使说得投机，或者能够用我，那我就可以施展平生的抱负了。于是他就不远千里地去见梁惠王。

梁惠王听说孟老先生不远千里而来，非常欢喜，当下便很殷勤地招待他，时常很谦逊地向他请教。

一天，梁惠王问他："我对于国家，也总算尽心竭力了。有一年，河内❶地方做了凶年，百姓们很多饿死。我就一面将壮丁迁移到河东❷地方去做工，一面又将河东所剩余的粮食，来救济河内地方那些不能随着迁移的老弱妇孺们。过了几年，河东地方也闹饥荒了，我也照那一年的办法，救济了不少百姓。我觉得邻国的君主，

---

❶ 河内：河指黄河。黄河以北地，每为古代帝王所都，因称河内。
❷ 河东：黄河流经山西西境，成南北线，所以山西省境内在黄河以东的地方，统称河东。

对于治理国家，没有像我这样用心的。但是我却不懂邻国的百姓并不因此减少，我的百姓也不因此加多，这究竟是什么缘故呢？"

孟老先生听了，觉得这实在是民生上的一个大问题，不过不从根本上着想，是无从解决的。他就想了一想，笑道："大王对于军事是很有研究的，我现在先讲战事。当两军相遇的时候，咚咚的战鼓，很急促地响着，两边的兵士，就奋勇地向前冲锋，刀枪接触着，互相厮杀。这时打败的人，只得弃了盔甲，拖着兵器，落荒逃走。其中有的逃到一百步才停止，有的逃到五十步就停止了。那逃了五十步的就讥笑那逃到一百步的，说他胆小怯弱。大王！你看这事怎样？"

梁惠王笑道："这是不可以的，逃到五十步的人，不过不到一百步罢了。但是照旁人看来，一百步也是逃，五十步也是逃，同是一个逃，哪能讥笑别人呢！"

孟老先生就拍手笑道："对啊！大王倘然知道这个，

五十步笑百步

孟·子·童·话

那么方才你所怀疑的就不难解决了。因为邻国的君主虽然不爱惜他的百姓，大王对于百姓也不过施行些小小恩惠，两方面同是不能施行先王爱民的仁政，从根本问题上去着想，一样的像五十步笑百步罢了。"

五十步笑百步

以羊易牛

有一天，齐宣王❶请教孟子，说："老先生，像我这样，可以说到爱护百姓吗？"

孟子很直接地答道："可以。"

宣王听了很欢喜，又问："老先生从什么地方，看到我能够爱护百姓呢？"

孟子见他肯虚心请教，就很诚恳地对道："别的我

---

❶ 齐宣王：姓田，名辟疆。齐威王之子。

不知道，不过我曾听到胡龁❶说：'那天大王坐在堂上，有人牵了一只牛从堂下走过。大王见了，就问：这头牛是预备牵到哪里去的？那人回答说：因为新铸的大钟成功，要杀一头牛，取他的血，去涂抹大钟的空隙，举行所谓衅钟❷的仪式。那时大王听了就说：放了它吧！我实在不忍看它这种恐惧的样子。它又没有犯什么罪，要叫它去就死，我心实在不忍。那人听了大王的话，竟弄得没有主意，就说：那么难道便将这衅钟的仪式废除了吗？那时大王便又说：像这郑重的仪式，哪里可以随便废除呢！哦……还是换一头羊罢！'大王，这件事不知道可有吗？"

宣王仰着头微笑道："有的。"

孟子就说："大王既有这种恻隐之心，已经尽够王❸天下了，但是百姓们还在说大王小气呢！在我呢，原是

---

❶ 胡龁（hé）：人名，齐国的臣子。
❷ 衅（xìn）钟：古代杀牲以血涂钟行祭。
❸ 王（wàng）：以仁义之道治国家的意思。

以羊易牛

孟·子·童·话

知道大王完全是由于不忍之心所激发的。"

宣王不觉拍手道："对呀，确有一部分百姓是要这样说的！不过齐国虽然地方狭小，我又何致爱惜一头牛！我那时就因不忍见它那恐惧的样子，况且它又没有犯什么罪，竟叫它去死，所以我叫他们换了一头羊。"

孟子不觉笑道："这样说来，真难怪百姓们要说大王是小气了！他们但知你用较小的羊来掉换很大的牛，又哪会知道大王那时的用心？不过大王倘只知道牛死得冤枉，那么羊又犯什么罪呢？和牛又有什么分别呢？"

宣王也笑道："我并不是为了爱惜大的牛，所以换了一头较小的羊去代替呵。不过给你这样一说，却也难怪百姓们要说我小气了。"

孟子听他这样说，就替他譬解❶道："这是不要紧的，这原是大王仁爱的用心，因为大王那时只看到牛的恐惧，

❶ 譬解：解释说明。

以羊易牛

并没有看到羊的恐惧。用羊来换牛,一方面保全了那头牛,不致无罪而死;一方面又不致因此废去了'衅钟'的仪式,实在是一个两全无害的妙法。因为君子对于禽兽,往往看到它们活着的样子,就不忍看它们去就死;听到它们将死时的哀鸣,就不忍再吃它们的肉。从这样说来,所以君子日常坐起的地方,总要和厨房隔得很远,也就是这个缘故呵!"

与民同乐

这时孟子在齐国作客,齐国的君臣们对他还有相当的敬礼。

有一天,齐国有个大夫叫庄暴的,专程来拜访孟子,他很怀疑似的问孟子道:"那天我去见大王,大王对我说他近来很喜欢音乐,我一时却没有回对他什么。请教先生,大王这样喜欢音乐,你以为怎么样?"

孟子听了,很兴奋似的说道:"大王倘然很喜欢音乐,那齐国就好了!"

过了几天,孟子去见齐王,闲谈之间,问着齐王道:"我听说大王曾对庄暴说,近来很喜欢音乐,不知道可有这句话?"

齐王听了,不禁面红耳热,觉得自己于音乐实在没有什么研究,非常惭愧,就搭讪❶着道:"话曾那样说过,不过我还谈不到能喜欢古时圣王的音乐,只是喜欢现在通俗的音乐罢了!"

孟子是处处要人好的,他最不肯直接说破人家的缺点,他明知齐王这时有些难为情,就很和婉地回答道:"大王倘然很喜欢音乐,那齐国就好了!要知道现在的音乐,和古时候的音乐原没有两样呵!"

齐王听他这样一说,却弄得莫名其妙,就问道:"你这话怎么讲,可以说给我听吗?"

---

❶ 搭讪(shàn):心里惭愧,说话支吾的样子。

孟子这时却偏要使乖弄巧，故意延宕❶着问他道："大王以为独自玩弄音乐快乐，还是和人家一同玩弄音乐快乐？"齐王毫不迟疑地答道："那当然不及和人家一同玩弄的来得快乐。"孟子于是又发问道："那么和少数人玩弄音乐来得快乐，还是和多数人玩弄音乐来得快乐？""那当然不及和多数人来得快乐。"齐王又毫不迟疑地回答着说。

　　孟子点点头道："对呀！现在我便请和大王论音乐。"

　　"现在大王倘然在这里玩弄着音乐，百姓们听到大王钟鼓的声调，管龠❷的音节，大家都觉得头痛，蹙着额角，互相告诉着说：'我们君王自己知道这样喜欢音乐，大寻开心，为什么要害得我们到这般穷困的地步呢？父子们不能见面，兄弟妻子都离散了。'大王倘然在这里打猎，百姓们听到大王车马驰逐的声音，望着旗帜飘扬的影子，大家也都觉得头痛，蹙着额角，互相告诉着说：

---

❶ 延宕（dàng）：拖延。
❷ 龠（yuè）：古代乐器，形状像笛。

与民同乐

孟·子·童·话

'我们君王自己知道这样喜欢打猎,却为什么要害得我们到这般穷困的地步呢?父子们不能见面,兄弟妻子都离散了。'所以有这种种情形,不是别的,因为大王平日不能和百姓们同享快乐的缘故呵!"

"现在大王倘然在这里玩弄着音乐,百姓们听到大王钟鼓的声调,管籥的音节,大家都欣欣然很欢喜地互相告诉着说:'我们君王或者没有什么疾病吧!何以还能够玩弄音乐呢?'现在大王倘然在这里打猎,百姓们听到大王车马的声音,旗帜的美丽,大家也都欣欣然很欢喜地互相告诉着说:'我们君王或者没有什么疾病吧!何以还能够打猎呢?'这也不是别的,因为大王能够和百姓们同享快乐的缘故呵!"

"现在大王倘然能够和百姓们同享快乐,虽然现在的音乐和古时不同,也就可以王天下了。"

老实的爸爸

宋国有一个非常老实的人,夫妻两口子,只生了一个很勤俭肯吃苦的儿子,每年种着几亩田,一家也很可度日。可是他对于一切田里的事情,完全交给他儿子去做,他不过高兴时候才肯去帮儿子的忙,有时他的儿子还常常埋怨他不会帮忙。

春天快完了,转眼已是初夏时候,他们正忙着养蚕摘茧,他的儿子已经耕好了田,将谷子播种下去。又值雨水调匀,所以不多几日,田里已经出满了嫩绿而微黄的苗了,带着温暖的南风,轻轻地吹着,好像一幅鹅黄的绫子在波动。他的儿子时常背着锄头去看望田水，留心着水太多了，或者太少了。

那老实的爸爸，有时也到自己的田里去巡视一趟。他第一次看到田里的苗绿得可爱，就想到他勤苦的儿子，回家来着实称赞了几句。第二次去看，他又沿着田塍❶巡视了一回，田里的苗依然如此，觉得也没有什么可爱。第三次他又去看望，这次他竟发现一种奇异而可以怀疑的情形了。他见自己田里的苗，比较两旁别家田里的苗，要短着好几寸，心想同是一块田，又同是一种苗，为什么别家的这样长，自己的又那样短呢？他立在田塍上呆呆地对着田里发怔，幸亏有一只蜻蜓飞过，偶然碰着他的脸上，将他惊醒了。他就跑回家里，报告他儿子这件事。

他的儿子很诚恳地向他解释："那是因为播种有迟早的缘故，将来收成终是一样的。"他的妻子也向他说："那或者是缺少肥料的缘故吧。"可是老实的他，无论如何解释终是不信。

---

❶ 田塍（chéng）：亦作"田塖"，即田埂，划分田亩的界路。

到了第二天,他特地起一个清早,脸也不洗,饭也不吃,一口气跑到田里。看了自己的苗,仍旧和昨天一样的短;再看别家的苗,仿佛又长了些。这时他心里很有些嫉妒,恨不得将别家的苗一齐拔了。转念一想,那或者是他儿子贪懒,不来看顾的缘故;又想这些小草能有多少力量,能从很黏的泥里生长起来,那非得有人帮助它们不可。于是他就蹲身下去将近在脚边的一枝苗从泥里微微拔起一些,那枝苗并不倒下,依然直立着,看去就比旁边的苗长得多了,再和别家的苗一比,似乎也一样的长短了。这一来他快活得连连拍着一双满沾泥浆的手,嘴里喊道:"凡百事情总要有个帮助啊!"这时太阳已照满了田里,他也不顾肚饥,也不顾热,伏在田里,一枝枝的都照第一枝的长短拔起了些。拔了几行,已累得满头大汗,一颗颗的滴下田里,和苗叶上的露珠一同做了田里的肥料。有时他满身泥浆地立起来望着,并且欢呼:"呵,一样长了!"好容易拔完了一亩田,他觉得这种新的发明,非回家报告他们不可,于是他就很高兴地带着疲劳回家去。

老实的爸爸

孟·子·童·话

一路上逢人就嚷着："呵，今天真疲倦，辛苦哩！我帮助我的苗长了不少哩！"人们看他泥人儿似的，并听他这样的说，又好笑，又疑惑。

他一路嚷着，回到家里，很疲倦地倒在地上："啊……我帮助我们的苗长了不少哩！"他的儿子见他这样，以为他是病了，不过听他说帮助苗长了不少，也一时疑惑起来，不知他爸爸怎样能够帮助苗来生长。他就急忙跑到田里，一看，啊呀！田里的苗都变色了，一枝枝都低着头——似乎羞见他勤苦的小主人——枯死了！

托病不见

　　下面这个故事,请问小朋友对于孟老先生的批评怎样?这几天,孟老先生觉得闲暇着不是事,预备去见齐宣王,和他谈谈仁义道德。风声传出去,给齐王知道了。齐王就不等他老先生去见,先差了一个人来说:"我本要亲自来见先生,只因近来伤风感冒,医生说不能经风,有好几天不临朝❶了。明早预备临朝,不知道那时可以使我一见先生吗?"意思是要叫孟老先生去见他。

　　小朋友!你想他老先生怎样回对?不想他老先生这

---

❶ 临朝:是君主到朝廷上来会见群臣处理政务的意思。

孟·子·童·话

24

时居然也摆起架子来了。他回答来人说："对不起得很！我不幸也有点病，不能来见。"

到了第二天，他老先生却预备到东郭氏❶家里去吊丧。这件事，弄得跟他同来的学生们也疑惑起来了。其中有个叫公孙丑的，大胆地请教他老师道："昨天老师托辞有病，今天却出门到东郭氏去吊丧，这或者有些不应该吧！"

这时他老先生便扳起面孔，回答说："昨天有病，今天好了，为什么不应该？"竟坐着车子走了。

他老先生走后，不料齐王又差人来问病，并且带了一个医生来。这时有个孟仲子是孟老先生的堂兄弟，接待来人和医生，很抱歉地说："昨天接着王命，我哥哥正患着病，不能来见齐王；今天病稍好些，刚才出门去上朝了。不知道这时候可到了没有？"孟仲子勉强扯了谎，打发了来人和医生。但是他哥哥实在不去上朝，将

---

❶ 东郭氏：齐国的大夫。

托病不见

来对证起来，又怎样回答呢。他就派了好几个人在要路上等着，倘然见着孟老先生，叫他千万不要归家，就此直接去上朝。

派去的人虽然见着孟老先生，不想他老先生脾气忒煞古怪，他也不回家，也不去上朝，不得已到景丑氏❶家里去投宿。饭后，两人谈起这件事，景丑氏就不客气对他老先生发话道："讲到对于内要算父子，对于外要算君臣，是人们伦常大理所在。父子之间，第一要有恩；君臣之间，第一要能敬。此番事情我只觉得君王的敬你老先生，却未见你老先生怎样敬君王哩！"

孟老先生虽然到处受人责问，却能用大帽子的话，来回对别人。他听了景丑氏的话,似乎受着一肚皮的委屈，不禁长长地叹了一口气道："唉！这是什么话呢！我觉得齐国人没有一个肯拿仁义去和君王讲的，他们并不是以为仁义是不好的东西，他们的心里似乎在说：'这种人是够不上和他讲仁义的！'这种存心，才可算是大不敬。

---

❶ 景丑氏：也是齐国的大夫。

我呢,不是尧舜❶的大道理,是不敢在君王面前陈说的。所以我想齐国人没有一个能够像我这样尊敬君王哩!"

景丑氏经他这样一说,以为所问非所答,有意强辩,就有点气愤,说:"不!不是这样说的。照礼,父亲有呼唤,做儿子的便当应声就去;君王有命令,做臣子的也不当等到车子驾好了才去。你老先生昨天不是原要去上朝吗?后来听到君王的命令,反而中止着不去,这种行为,对于礼,似乎有些不合吧!"

景丑氏以为你会搬大道理,我也搬一个大道理来压你,看你又怎样说。小朋友,他老先生一张嘴真会说,你听他越说越远,越说越大了,他说:

"我并不是说这些呢。从前曾子❷曾经说过:'晋楚两国的富,原是不可及的。不过他们有的是财富,我有我的'仁';他们有的是爵位,我也有我的'义',我有

---

❶ 尧舜:是古时的圣君,尧国号唐,舜国号虞。
❷ 曾(zēng)子:名参,是孔子的弟子,鲁国人。

托病不见

什么不及他们呢！'这何尝是不义，但是曾子要这样说，这或者别有一种大道理在哩。要晓得，通天下可以尊敬的，只有三种人。一种是有爵位的人，一种是有年纪的人，一种是有道德的人。讲到在朝廷上，当然要重爵位，不过在乡党中就得重年纪——你就是做了大官，在乡党中见了有年纪的人，也应有相当的敬礼。若是要讲辅佐国家长养百姓的事情，那就非靠有道德的人不行。哪能以仅仅具有一种资格的人，来傲慢那具有二种资格的人呢？"小朋友，你道他老先生所说的是什么意思？他的意思：以为齐王虽然是有爵位的人（一国之君），可是我却不是他的臣子，不能不敬我这有年纪有道德的人。

他又继续着说："所以大有作为的君主，必定有不能听他随便呼唤的臣子；倘然有事情商量，必须亲身去就教。所以应得尊敬有道德的人，喜欢听有大道理的话，因为不是这样，就不值得同他做事哩！"

小朋友看了这故事，请你批评一下！

劳心·和劳力

　　许行是一个专门研究农业的人，远近仰慕他的学问，跟他来求学的很多。这时他从楚国到滕国，亲自上门求见滕文公，说："远方的人，听说君侯正在施行古时的井田❶制度，所以特地赶来，希望拨一所房子给我居住，愿意此后就做了你的小百姓。"文公原知道许行颇有学问，就拨一所房子给他去居住。

---

　　❶ 井田：周朝时候，公家将一块整方的田，划作九区，每区一百亩，中央一区，是归公家的，叫作公田；四周围的田，分给百姓，由八家去耕种，叫作私田。中央的公田，也归八家共同耕种，作为租税。因为它的划区，正像一个"井"字，所以叫井田。

和许行同来的，还有许行自己的几十个学生。他们都能刻苦耐劳，都穿着毛布做的衣服，一边求学，一边种田，有闲暇的时候，还做些鞋子，或织些草席，拿去卖了。师生们这样的辛苦度日，倒也十分自在。

那时滕文公施行井田制度，远近传开去，都想到滕国来做百姓。有一个名叫陈相的，是楚国大儒陈良的学生。听说滕国行井田制，陈相也就同他的弟弟，掮❶着耒耜❷，从宋国赶到滕国来，去请求滕文公说："听说君侯正在施行古时圣人的政治，这也可说是一个圣人了，所以我情愿来做你圣人统治下的一个小百姓。"滕文公也就拨给他田地房子。

陈相对于种田的事原是门外汉。有一天，他在田里遇见许行领着一班学生们在种田，他上去和许行谈论了一番之后，非常佩服许行的学问，于是便完全将从前所学的抛弃了，重新请求许行指教一切。

---

❶ 掮（qián）：用肩扛。
❷ 耒耜（lěi sì）：古代一种像犁的农具。

有一天，陈相去见孟老先生。那时孟老先生也因听到滕文公施行井田制度，特地来作实地考察。这天凑巧陈相来见他，对他称颂他老师许行的学问、行为怎样怎样的好，并且转述许行的话，说是："滕君，实在是一个贤明的君主，但是他还没有听到古圣人治国的大道理！大凡贤明的君主，应和百姓们一同去耕种，然后才可以有饭吃，并且还应当亲自烧饭吃了再去治理民事。现在呢，滕国的仓廪府库满藏着米粟财物，那都是从百姓身上剥削了来，奉养自己的，这哪能算得贤明呢！"

　　孟老先生本来对于许行的行为，不表赞同，现在又听到他这一番议论，觉得又好气又好笑，于是对陈相所说的，一点不加可否，只是冷笑着问陈相道：

　　"许先生必得自己种了粟，才烧饭吗？"

　　陈相笑道："是的。"

　　"许先生必得自己织了布，才做衣穿吗？"

孟·子·童·话

"不，不过许先生所穿的是毛布做的衣服罢了。"

"许先生戴帽子吗？"

"戴的。"

"戴的什么帽子？"

"戴那用生绢做的帽子。"

"那也是许先生自己所织的吗？"

"不是的，是用粟去换来的。"

"许先生为什么不也由自己织呢？"

"因为要妨害耕种。"

"许先生用釜甑❶来烧煮食物，用锄头耜耙等农具来

---

❶ 釜：铁制的镬。甑（zèng）：瓦制的罐。

孟·子·童·话

耕种吗？"

"是的。"

"这些用具，也是许先生自己制造的吗？"

"不，不，也是用粟去换来的。"

两个人一问一答，完全不得要领，可是孟老先生的谈锋，却愈逼愈紧了。他又冷笑着对陈相道：

"这样说来，许先生用粟去交换日用的器具，算不得是妨害陶工和冶工；那么陶工冶工❶用他制造的器具来换粟，难道对于农夫也有妨害吗？并且许先生为什么不去做陶工或冶工，他要用的器具就可在自己家中拿来使用，这又何等便利，又何必乱纷纷的和百工去交易呢？我真不知道，许先生究竟为什么这样的不怕麻烦。"

---

❶ 陶工：烧窑的人。冶工：锻炼钢铁、制造铁器的人。

陈相经他老先生这样一说，心中也觉得他老师批评滕文公的话有些牵强，不能成立，只得勉强回答说："百工的职业，原是不可以由耕种的人同时做的哩。"

孟老先生话箱益发开了，就趁势追问道："这样说来，难道治理国事的人，独独可以同时去做耕种的事吗？陈先生！你要知道世界上有君子做的事，也有小人做的事。并且单独一个人，无论怎样是不能尽做百工所能做的；倘然必要自己做了才拿来用，这是叫天下无论什么人忙得只好跑路没有休息了。所以从前古人说得好：'有的劳心，有的劳力，劳心的治理众人，劳力的就须受人治理。受人治理的，应将他劳力所得的一部分做租税，以供养那些为大家服务的人，所以治理众人的人，是须受众人供养的。'这是普天下都承认的道理呀。倘依许先生的话，定要自己耕种，自己纺织，自己烧煮，才有得吃，才有得穿，才可算贤明，试问一个人哪有这许多本领，这许多工夫，哪能又治理一个国家呢？"

劳心和劳力

李子和鹅

齐国有个姓陈名叫仲子的,生就一种古怪脾气,无论别人送给他怎样好吃好用的东西,他总是不肯收受的。就是穷得没饭吃的时候,左右邻舍看他可怜,送些食物给他,他也宁可挨着饿,拒绝不受。好在他的妻子也很贤德,并不怨恨。两口儿住在于陵❶地方的一间破屋里,他自己能做草鞋,妻子也绩些苎麻,卖给人家,换些米来度日。他俩这样的早夜工作,无求于人,人家对他俩廉洁的品行,也有相当的敬礼。

---

❶ 于陵:齐国地名。

有一天，可怜的夫妻俩因为卖不出去所做的鞋子和苎麻，换不到米，夫妻俩只可绝食了。邻舍们都深知他俩的脾气，虽然看着可怜，想送给他俩东西吃，恐怕他俩拒绝，只好叹口气走开了。这样的饿了三天，夫妻俩都倒卧在地下了。那时仲子饿得两只耳朵里嗡嗡地响着，听不出什么声音；两只眼睛白茫茫的看不见什么东西。他的妻子比较好些，但是也饿得动弹不得，勉强起来喝口水，一边嘴里哼着，一边肚里饥肠也在作着怪响。

后来仲子忽然记起门外井边自己种的李树，或者还有几颗采剩的李子，何妨去采来救饥。他就挣扎着爬起来，身子兀是摇摇的倒了下去。他不得已只得伏着身子，慢慢地爬着出门。好容易爬到井边李树下，用袖口揩拭两眼，昂着头定着睛地寻找李子，找了好久，居然给他找着了一颗半红半青的李子。他就扶着树身勉强立起身来，伸手去摘，不想这颗李已给螬虫❶蚀去一小半了。他也不管虫不虫，烂不烂，到口就嚼，一连咽了三咽。说也奇怪，半颗烂李子到肚，他居然耳朵也能听到饿老

---

❶ 螬（cáo）虫：金龟子的幼虫。

李子和鹅

孟·子·童·话

鹰在天空怪叫的声音了，眼睛也能很清楚地寻出躲在叶丛里的青李子了。

小朋友，说也不相信，陈仲子虽然穷得那样，他还是一个世家子弟呢！原来他的哥哥叫戴的，却在齐国做着大官，坐享着很多的俸禄，住着很大的房子，他的母亲也一块儿跟着享福。从前他的哥哥也叫他去一同住着，以为弟兄俩也有照应，何必吃苦挨饿。可是他生就的古怪脾气，以为哥哥这样多的俸禄是不应该得的，这样大的房子也是不应该住的。他不愿吃那不应该得的俸禄，也不愿住那不应该住的房子，情愿离开母亲哥嫂，住间破屋，做工度日。

有一天，他想念母亲，就去探望他们。一进门，先问母亲好，哥嫂们见他来了，都很欢喜，因为这位古怪的弟弟是很难得来的，大家坐着谈谈别来的事情。不多时，有人来送他哥哥一只活的鹅，鹢鹢❶地叫着。他老人家一看，心里就不自在起来，以为这又是不应该收受

---

❶ 鹢鹢（yì）：鹅叫的声音。

李子和鹅

孟·子·童·话

的东西，他就皱着眉头，发话道："要这个鹚鹚的东西做什么用呢？"他的哥哥正待解释，不想他已立起身来径自跑了，就是他母亲从后叫着，他也不回头。

过了几天，他做鞋换了钱，买些时鲜的东西，去孝敬他的母亲。母亲一见他来，也不提起那天的事情，却很坚决地留他吃了饭去。他是素来孝顺母亲的，当下也勉强答应着。他的母亲想着他在外非常刻苦❶，没有好的住，又没有好的吃，就将那天人家送来的鹅杀了，烧得很熟，请他去吃——也不说出是什么肉。

可笑他老人家，近年来从没有尝着这样美味的东西，低着头只管吃，更加旁边母亲又再三劝他多吃些，他就一边吃，一边笑着对母亲讲那时候爬着出去吃烂李子的故事。正讲得有趣的当儿，他的哥哥从外面回来，看见他弟弟对母亲说笑，桌上摆着一大碗鹅肉，心里早知情由，也就坐下来陪他吃鹅。他老人家吃得饱饱的，对母亲谢道："多谢母亲替我弄这样的美味……"他的哥哥

---

❶ 刻苦：俭朴。

忽然想起前几天的事,就接着笑道:"弟弟,吃得好吗?这就是那天鹚鹚的肉呢!"

可怜他老人家不听还可,一听这就是鹚鹚的肉,就想到那天自己所说的话,明知哥哥在嘲笑他,他这时真何等难过呵。他就立起身来,跑出门外,用手指向喉头一探,"哇"的一声,将适才所吃的鹅肉一齐都吐了出来,含糊地说道:"我不能吃不应该吃的东西!"

李子和鹅

正直的小门生

子濯孺子是郑国善于射箭的人,他的箭法很精奇,能够在一百步外射穿杨树的叶子,所以跟他学射的人很多。这时他奉命去侵略卫国,可是兵败了,只得逃走。

卫国深知子濯孺子是善射的,轻易的人是不能去追的。于是就用国内第一个善射的人,名叫庾公之斯的去追他。

子濯孺子一边逃,一边对他驾车的人说:"今天真不幸，凑巧我老病复发，两手没有劲儿，不能开弓，唉，我此番一定是没命了！"跑了一阵，又问驾车的人说："喂，你知道来追我们的是谁？"

驾车的答道："是庾公之斯呢！"

子濯孺子不觉欢呼道："好了，我可以活命了！"

驾车的听了他这一句话，却有些疑惑了，就问道："我听说庾公之斯是卫国善射的人，偏是你今天又不能开弓，你现在却说可以活命，不知从哪里说起？"

子濯孺子笑道："哈哈，难怪你不明白。你知道庾公之斯是从尹公之他学射的，那尹公之他又是从我学射的。我深知尹公之他是一个很正直的人，正直的人所要好的，也必定是正直的人。这样说来，正直的人，当然不会射死他的太老师呵。"

话刚说完，庾公之斯的车子已经赶到，一见子濯孺

正直的小门生

孟·子·童·话

44

子空着手坐在车上，就问道："太老师今天为什么不拿弓？"

子濯孺子答道："不幸得很，我今天老病发了，两手无力，不能开弓！"

庾公之斯究竟是正直的人，果然不出子濯孺子所料，他说："小门生是从尹公之他老师学射的，尹公之他老师又是从太老师学射，我不忍用太老师间接教我的本领，反来杀害太老师……但是，私情是私情，公事是公事，今天的事，却是公事，我不敢就此罢了！"于是他就抽出四支箭来，在车轮上敲去了箭头，只剩了箭干，一连射了四箭，拱拱手拨转车轮回去了。

这时驾车的看得呆了，见庾公之斯的车子去远，然后笑对子濯孺子道："今天倘然碰着一个不讲理的，或者不是你的小门生，看你怎样对付？"

东郭乞食

有一个齐国人,生性懒惰,不务正业,住着几间破旧房子,将祖上留给他的小小产业,变卖了度日。家里却有两个很贤慧的妻子,一大一小,又非常和睦,守着这贫贱的丈夫,从没有半句埋怨的话。他自己呢,终日在外游荡,从早出门,难得在家里吃饭的;有时吃得醉醺醺的回家,大模大样,由他两位夫人殷勤侍候。他的大夫人问他在什么地方吃得这样又醉又饱,他就很兴奋地道:"你休要小觑❶我哩,我人虽褴褛❷,交游却很广,

---

❶ 小觑(qù):轻视,小看。
❷ 褴褛:形容衣服破烂。

城里的王孙公子，官宦乡绅，哪个和我没有来往。今天这家请我吃酒，明天那家请我吃肉。他们如有大宴会，我若不去，他们就非常寂寞。这几天，差不多各家都排定了日期，请我去吃喝，所以我正忙不过来哩！"他说了一大套，就呼呼地睡着了。

他的大夫人给他说得半信半疑，就去和小夫人说："妹妹！我们丈夫这几日来天天一早出门，回家来，总听他说酒呀肉呀吃得又醉又饱。我问他同着吃喝的是些什么人，他总说是城里的官宦乡绅。我想我们丈夫是一个穷人，为什么那些富贵人家却和他这样要好，天天有酒有肉请他吃喝？又想既然和他要好，为什么他们却不见一个到我家来呢？我实在十分疑惑。明天一早，等他出门，我预备暗中跟着他，看他究竟到什么地方去，妹妹你看好吗？"

小夫人往常也很怀疑她丈夫的行为，但是怕去问他，现在听她姐姐这样推想，就说："这个法子倒好的，可以看出他每天到底到什么地方去。"

东郭乞食

第二天清晨，大夫人悄悄起来梳洗，预备停当，不多一会儿，见他丈夫一骨碌起床，擦着睡眼，看看天色，披了衣服，脸也不洗，一径奔出门，回头向他妻子道："今天我又不能早归哩。"大夫人看他走后，就跟了出去，只见她丈夫急急忙忙向东而去。可怜她躲躲闪闪的恐怕给他看见，远远的跟了好多路。她一面紧紧跟着，一面又想着街路上人来人往，照他丈夫平日所说的交游那样广阔，为什么今天却没有一个人和他招呼，或立着攀谈呢！又想一路跟来，也走过好几个大门第，也不见有人来让他进去。她还疑心他狗仗人势，看不起人家。又见她丈夫头也不回，脚也不停，一径跑出东门。可怜她跟得气喘汗流，兀自不舍，也出了东门。

　　这时正是二三月天气，黄金色的太阳，照着烟雾迷蒙的杨柳，沿路一阵阵青草的香气，使人陶醉。她这时忽然想到这是清明时节了，或者乡绅们邀她丈夫到城外来踏青饮酒，所以他急忙忙赶来，恐劳他们久等。再看他丈夫向前面一带黑松林跑去，她只得紧跟几步，远望松林里面高高低低的都是些坟墓。又见他停住了脚，伸着脖子，东张张，西望望，好像在寻什么似的，她就隐在树背后，遮遮掩掩地偷望着，看他有什么举动。

不多时，有人挑着盒子，向松林里去祭扫。只见她丈夫口角流涎，欢喜得发疯似的，随见他折了几枝杨柳，编成一个箍❶儿，向头上一套，又拾起一些石灰，向脸上鼻子上一涂，拍着手，唱着山歌时曲，慢慢地挨到坟边。看着人家拜祭完了，只见他向地上一滚，对着坟叩了几个响头，随又拱拱手叫着："大叔大爷照顾我，赏杯酒……"那些上坟的人，看不上他这怪模样，就呵喝❷着随便给他些东西，他就手抓口掩地吃了。这时上坟的人接二连三地来了。他就一处处照样求讨过去，讨来就吃，吃了再讨。有时喝点浑浊的黄酒，有时啃些吃剩的骨头，这样有酒有肉，自然又醉又饱了。

可怜他的妻子，这时在树背后也偷看个饱，气得她手脚都发冷，轻轻地骂声："下贱种！这样的没出息，

---
❶ 箍：用东西编成的圆圈。
❷ 呵喝（hè）：发怒而大声喝斥。

东郭乞食

孟·子·童·话

50

还来说大话谎人呢!"她越看越气,越想越恨,恨不得一时死了。但是还防给他看见了,下场不来,只得含悲忍泪地回家。

大夫人一进家门,小夫人接着正待问知底细,不想她姐姐未曾开言,就放声大哭起来。她一面哭,一面将今天所看见的,一五一十对他小夫人呜呜咽咽地说了,说了又哭,哭了又说:"天呀!照今天这样,嫁了这样的丈夫,我们的终身还有希望吗!"小夫人听了也觉心酸,当下也大哭起来。

他老人家这时肚子已塞得饱饱的了,一路唱着回家,大模大样地踱进家门。一见他两位夫人抱头对哭,他还不知纸糊老虎已经戳穿了,手叉着腰嚷道:"是谁欺负了你们?告诉我,我只要和地方官去一说,就要他的狗命!"

东郭乞食

孟·子·童·话

狠心的父母和弟弟

虞舜❶是一个很孝顺父母的人,但是他的爸爸瞽瞍❷却听他后妻的谗言,待舜非常残暴。又加后妻又生了一个儿子名叫象,非常宠爱。他们时常想将舜害死,好称心快意。

有一天,他们想就毒计,叫舜去修理仓廪,那廪是竹片编成的,又高又大。他的弟弟象很殷勤地替他搬过

---

❶ 虞舜:姓姚名重华,封于虞。那时唐尧见他很有德望,将自己的两个女儿(娥皇、女英)嫁给他。
❷ 瞽(gǔ),就是眼瞎。瞍(sǒu),也是瞎。瞽瞍是有目不能分好恶的意思,是舜父的外号。

梯子，看着舜已爬到廪上了，他就将梯子移去。他的爸爸竟狠心从下面放一把火，一霎时烈焰腾空，将全个廪烧了起来。他们想此番舜总得烧死了。想不到那时舜见下面起火，预备想从梯子下来，低头一看，梯子不知去向，只见他弟弟在下面拍手大笑。再四处一望，看见廪上有几顶箬笠，这时人急智生，他就拿两顶挟在腋下，奋力往下一跳，只觉轻飘飘地落在地上，一点儿不受伤。❶他的父母和弟弟还假意向他说："不知怎么失火，幸喜没有受伤。"孝顺的舜只是笑着不说什么。

过了几天，他们又想出一个毒计，叫舜一个人去挖掘一口井。舜当时不敢推诿，只得努力工作。等到井将挖掘完成的一天，他们看着舜下去，三个人就将挖出的泥土和石头向井里推下去，一霎时井已塞满了。那瞽瞍眼看他亲生的儿子死于非命，未免有些伤心。只有他的后妻和小儿子却都欢天喜地地笑骂着道："这番把你活葬了，看你怎样出来！"

---

❶ 因为两腋有箬笠挟着，可以借着空气的压力，使身体不致很猛地坠下而受伤。

狠心的父母和弟弟

孟·子·童·话

54

尤其是狠心的象，很高兴地对他爸爸妈妈嚷道："此番算计他，都是我的功劳哩！他所有的牛羊都归爸爸妈妈，他所有的仓廪，也归爸爸妈妈去享用。他所用的干戈归我；他常常弹的五弦琴，也归我；他常用的一张镶玉的弓，也归我；还有二位美丽的嫂嫂，叫他们替我铺床叠被来服侍我。"说了就像发疯似的跳着到舜的房间里去。

他跑到房门口，忽然听得幽扬的琴声。他还以为嫂嫂们在弹奏，等到推门进去一看，料不到却是他的哥哥正端坐在床上弹着琴。只见他哥哥问道："弟弟！你来做什么？爸爸妈妈叫我吗？"这时的象，可怜竟惊恐得面红耳热，背脊上冷汗直流，两只手没处安放，支吾着说道："气……气闷……得很，想着哥……哥，所以……来看望……"

小朋友！你们想想看，舜是怎样出来的？原来他在掘井时候，早就料到他的爸爸妈妈和弟弟，一定还要来谋害他，所以他时时刻刻留心防备，看看掘到有几丈深

了，他就预先在旁边另掘一条出路，通到外面，在他们填井的时候，他就从旁边小路逃出，回到自己家里，所以他们终于枉费心计了。

放生的鱼

有个人送了一条活泼泼的金色鲤鱼给郑国的子产❶。子产看这鱼很肥很美,就叫管池沼的人来,吩咐他好好地拿去养在池里。

这管池沼的人,很是狡猾,并且很贪嘴,又素知子产是很容易欺骗的。他见了这样肥美的鱼,心想不吃也是可惜,就不管什么将它杀了,烧得很熟,吃了个饱。

第二天,子产看见这管池的人,不期然地想起了昨

---

❶ 子产:姓公孙,名侨,春秋时郑国大夫。

孟·子·童·话

58

天的事，当即问他那条放生的鱼怎样了，他就装作很正经的神气回答道："起初我将这鱼放在水里的时候，只见它好像很困倦似的，横卧着无力地扇动它的鳍和尾。过了一会儿，见它翻了一个身，能够勉强地游泳了。这时它金色的鳞片，映在碧澄澄的水里，真是美丽。那时我再想捉它起来，不料一触它的身，它竟倏地一跳，摇摆着尾巴，自由自在地去了。"

子产听他说完，就笑道："得其所哉！得其所哉！"意思是说这条鱼有了好的地方去了。

管池的人出来，笑着对旁人悄悄说道："谁说子产是非常聪明呢？我将那鱼烧来吃了，他还说'得其所哉'呢。"

放生的鱼

孟·子·童·话

弈秋教棋

有一个名字叫秋的,围棋下得很精,所以人家都叫他弈秋先生。喜欢下棋的,不论远近都来请教他。

这时他正教着两个人下围棋。两人对面坐了,弈秋先生坐在旁边,很尽心地教他们怎样落子,怎样布局,怎样围杀,怎样解救,如何出奇制胜,如何反守为攻。他一面讲,一面指点,两个人手抓着棋子,眼都看着棋盘。但是一个呢,却很专心致志地听着先生讲授,照着先生所说的下着子,有不明白的地方,就提出来请问。还有一个呢,虽然听着先生讲,不过他的心却不专在下棋,

弈秋教棋

却想:"倘然这时有一阵鸿雁飞来,我拿起弓来,一箭射去,那鸿雁就带着箭从半空中跌了下来,这是怎样有趣哩!"他想到这里,不禁偷眼望一望天空,于是便下错了一着。

小朋友,请你们想想这两个人虽然一同学着棋,他们哪一个学得会,哪一个学不会,比起来哪一个来得好?

冯妇打虎

晋国有个姓冯名妇的,是一个生性粗暴,蛮不讲理的莽男子,他的气力很大,特别有一种空手打虎的本领。言语之间,倘然得罪他,常常开口就骂,甚至出手打人,所以人们见了,都远远地避着。他见人们都怕他避他,自己也知道太凶横了。他就立志改过,人也不骂了,虎也不打了,居然变为一个很谦和的好人了。

这天他坐着车子出门去游历,到了山边,忽然听得一阵喧闹叫嚣的声音。他就立起身来一望,只见簇拥着许多人,有的执着刀,有的挺着长矛,有的举起棍子,

孟·子·童·话

向着山凹①里呐喊,却不见一个走近去。他再向山凹里一望,只见一只吊睛白额的猛虎,蹲坐在一块岩石上,张着前爪,怒吼着,有时它竟想冲出来,可是给人们一阵鼓噪,只得拖着尾巴回到原地,恨得它两只碗大的眼睛,好像要冒出火来了。但是人们也只叫着跳着,没有一个敢前进,两方这样的相持不下。冯妇望着,正在暗暗发笑。

有人认识冯妇的,知道他能空手打虎,就请他去结果那东西。这时冯妇有心不管,但禁不起他们再三劝驾,又恨那猛虎实在刁滑可恶,他不觉卷起袖口,露出铁一般的臂膀,大叫一声,跳下车子,在群众的欢呼声中奔向山凹里去了。

但是这时候,旁边有人正笑着冯妇"为善不终"呢。

---

① 山凹:指山坳。

冯妇打虎

编 后 记

1931—1934年,中华书局出版了《儿童古今通》丛书。这套丛书的作者皆为民国时期大家,选取我国古代典籍中有趣味且富含哲理的故事,译成浅明易懂的语体文,以供小朋友们阅读。

本社此次精选部分书目进行整理再版。为了便于今天的儿童阅读和接受,将原来竖排繁体转化为横排简体形式。在保持总体语言风格不变的基础上,主要做了以下修订。

一是每个故事都配了一幅原创插画,既简洁生动,又契合文意。

二是对一些疑难生僻字加了拼音和注释，以帮助儿童阅读和理解。

三是对标点符号及个别词语按照现在的用法规范和语言习惯加以修改。

四是对部分原文注释进行修订，以更加全面和严谨。

希望小朋友们在阅读这些童话的同时，能够感受到其中的精彩，进一步激发阅读原著的兴趣。正如著者之一的吕伯攸所说："原书经过这么一次意译，也许会把它的本意走了味。不过，小朋友们先读了这本小册子，将来再读原书，未始不可借此做个引导啊！"

编者

2018 年 12 月